한 편의 詩가 되리

| 윤경자 두 번째 시집 |

작가의 말_

저절로 흐르는 마음의 강물이고 싶다.

우리 모두는 가끔씩
누군가에게
혹은 아무에게라도 무엇이 되고 싶다.

모두가 혼자인 세상에서
나 아닌 무엇으로 남고 싶기도 하다.

내 살아온 흔적이
때론 가슴 시린 위로가 되고
때론 마음 따뜻한 사랑이 되고
때론 마음 든든한 희망이 된다면

나에게 내가 그러하듯이
나에게 시가 그러하듯이
그냥 그렇게 무심코 내뱉는 홍얼거림이거나
긴 시간이 뿜어내는 절절함이거나

사람과 사람들 사이에서
나와 너 사이에서
나도 너도 아닌 그들 사이에서

딱 한 편의 이 넋두리
스스로 열리는 가슴의 노래이고 싶다
저절로 흐르는 마음의 강물이고 싶다

청마의 해. 정월. 지은이 씀.

차례

2 저 혼자 고운 詩

3 함께 가는 길

1

詩가 되리

사랑,

다시 하지 않게 되는

그 날이 오면

딱 한 편의 아름다운

시가

되리

詩가 되리

시가 되리.
핏덩이 울음으로 시작한 사랑
마지막 마치는 순간
짤막한 한 편의 시가
되리.

때론 기쁨이었고
때론 슬픔이었지만
모두 접어
딱 한 줄의 시로
남으리.

내가 품어온
짧은 듯 긴 사랑
긴 듯 짧은 사랑
모두 털어
딱 한 마디 시로
남으리.

그 사랑
다시 하지 않게 되는
그 날이 오면
딱 한 편의 아름다운
시가
되리

혼자라도 함께라도

주어진 대로 길을 찾자
지나고 나면 다
아쉬움 뿐인 세월
부러워도 말고
원망도 말고

매일 같은 날들
사랑하고 미워하고
웃고 울고
그렇게 사는 게지

혼자이면
혼자인대로
함께라면
더불어 함께하며

혼자라도
함께라도
그렇게

주어진 대로
길을 찾아가자

새해 새날은
모두에게
같이 오느니.

가을 멀미

살갗을 스치는 바람에
자꾸 마음이 울렁거린다.
아마
가을이 오려나보다

눈부신 하늘에 가슴이 뛰고
빛나는 들녘에 눈이 아리다.
벌써
가을이 왔나보다

단풍이 물들어 갈 때
해묵은 편지를 들추고
낙엽이 질 때쯤엔
빛바랜 낙서장에 몇 줄의 그리움을 남긴다.

이 가을
우리는 어떤 빛깔로 물들고 있는가……?

해마다
이맘 때쯤 겪는 가을 멀미.

낙숫물 떨어지면

비 오는 날
처마 끝에
낙숫물 떨어지면
묵혀 둔 그리움 함께 내린다.

보고 싶다고 다 보는 것도 아니고
보이고 싶다고 다 보일 수도 없으니……

하고 싶다고 다 할 수 없고
주고 싶다고 다 줄 수 없으니……

가슴 속 진실,
숨겨 둔 정 묻어내린다.

비 오는 날
처마 끝에
낙숫물 떨어질 때

방울방울 떨어지는 물보라에
사랑도 미움도
함께 물결친다.

숨이 머문 자리

비어 있을 때
더 많은 것들이 앉았다 가는 빈 의자
버리고 비울 때 얻는 반짝임

진정한 자유를 위해
목소리를 낮추고
때론 침묵해야 함을 깨닫는다.

그냥 침묵하면 되는 것

입을 다문 채
살며시 나무를 보고
조용히 하늘을 보면 된다.

덧없는 말을 버리고
흘러가는 구름을 보면 된다.

섣달 그믐밤

마지막 남은 한 장의 달력이
우리의 마음을 부산하게 하는 시간

항상 끝에는 아무 것도 없는데……

우리 가득한 마음
이 한 해도 텅텅 비워 그냥 보낸다.

오늘의 허허로운 미련
남김없이 툭툭 털어 내일로 던진다.

색색의 바구니에
틈새틈새 먼지마저 털어놓고

어린 시절
엄마 기다리듯
가슴 설레며 내일을 기다린다.

행여 오시는 길 헤맬까
길목마다 가로등 밝혀 두고 기다린다.

이 삶의 끝에는

따뜻한 햇볕이 그냥 따사롭던 어린 시절에는
'삶'과 '끝'이라는 말을 모르고
햇빛이 만드는 응달도 그림자도 몰랐습니다.

너와 나를 알고
햇빛과 응달과 그림자를 알면서도
꿈을 꾸던 소녀시절에는
언제나.
저 산 너머를 향해
발돋움을 하며
그리움을 키웠습니다.

저 산이라 여기던 산을 넘고넘고
저 고개라 여기던 고개를 올라서고 내려 가기를
몇 번……

이제 햇빛이 응달이고 그림자이고
산도 고개도 넘고 올라도 그곳이 그곳임을
알아버린

'삶'과 '끝'을 함께 생각하는 내리막 길 위에서
나는
또
못 버린 미련을 안고 발돋움을 하고 있습니다.
'끝'이 끝이 아니라고……

친구의 전화

며칠째 잠긴 목을 밀고
울음이 터진다.

365일 하고 몇 날을 더 살고도
아직 제 길을 못 찾고 헤매는 어지러움.
낯선 이방인의 섬 멀미

"죽었니?"라는 단 한 마디 친구의 전화.
그 속으로 한꺼번에 밀려오는 이 따스함.
그립다. 보고 싶다……

밀쳐 둔 내 설움이 울컥 치솟는다.
파도는 왜 그리 심하게 부딪히고
바람은 또 왜 그렇게 세게 부는지……

30년 가까이 길들여지고도
아직 못 익힌
날 세우고 밤 세우는 해갈이.

졸업과 입학으로 해맞이를 하는
교정의 봄은 왜 그렇게 더디 오는 것일까?

친구의 전화처럼
모든 것 담고 한꺼번에 와서
나를 덥석 안아주면 안 될까?

나의 삶

어스름한 새벽길에
서광초 황금색 꽃잎이 바람에 날려 흩어지는
아스팔트 길바닥
가을은 깊어 외로움을
쌓는다.

넝쿨따라 잘 익은 홍부박
하얗게 업딘 옆 자리
가녀린 코스모스 꽃잎
가는 손님 발길을 부르는데

쌓여진 외로움 흩뿌리며
나는 생활 속으로 달린다.

백련지 돌아드는 산모롱이
서해안 고속도로가 달리고
호남선 철로가 고향을 지키는 마을

가느다란 옛길 농로를 따라
촌로의 발길이 분주한 그 곳에
내 달리는 생활이 있다.

이 마음 어디에 담을까

비가 내리는 날
메일로 날아온 Joan baez의
DONNA DONNA를 들으며
함께 실려온 삶의 뒤바람을 맞는다.

가녀린 음성이 떨며 보내는 서러운 바람결
끝없는 여운을 남기며 사라지는
세월 속 오늘.

눈동자 흔들리며 눈썹을 적실 때
누군가를 보고 싶어 하는 마음을
원고지에 담으면 글이 되고
화폭에 담으면 그림이 되고
마음에 담으면 그리움이 된다는데……

귓전을 때리는 그녀의 노래 때문일까
철 지난 사연의 메일 때문일까
비 내리는 창 밖 풍경이 서러워
자꾸 되뇌이며 어제를 곱씹는

알 수 없는 이 마음
어디에 담을까?

먼 길 가는 즐거움

오고 가는 길이 먼 것은
더 많은 생각을 할 수 있어 좋다.
더 많은 산과 들과 나무와 풀꽃들을
만날 수 있어 좋다.

비라도 온다면
비는 세상을 적시고
다시 다가와 우리 마음을 적신다.
하늘에서 오는 비
가슴에서 내리는 비
멀면 먼만큼 촉촉이 젖어
나를 만날 수 있어 좋다.

서서히 다가오는 아침
바람은 스스로 눕는 풀들을 쓰다듬고
다시 되돌려 우리 마음을 흔든다.
땅을 누비는 바람
세월을 거슬러 마음으로 오는 바람
길면 긴만큼 수많은 시절과 스쳐 간 사람들이 빚은

시간을 만날 수 있어 좋다.

그리움이 기다리는 만남을
생각이 남기고 떠난 조각들을
하나하나
뛰지 않고, 흘리지 않고, 주섬거리지 않고
마음껏 사랑할 수 있어 좋다.

이런 날에는

이렇게
억수로 비가 쏟아지는 날에는
한적한 시골 절집에 가고 싶다.
마루 끝에 앉아 처마 밑에 떨어지는
낙숫물 소리를 듣고 싶다.

억수로 내리는 비에
바람마저 세차게 불어준다면
지붕 끝자락 가늘게 내려와 달랑거리는
물젖은 풍경 소리를 듣고 싶다.

설풋 비가 멈춘 순간에는
아스라한 하늘 빛 아래
산사 앞마당에 짙게 드리워져 내리는
맑디맑은 푸르름을 바라보고 싶다.

그 옛날
엄마 손 잡고 들어서던 사천왕상 앞에서
물소리도 풍경 소리도

푸르른 그리움으로 모아
합장하여 올리고 싶다.

이런 날 올줄 몰랐다고……
정말 몰랐다고……

또 한 해의 사랑을 떠나보내며

이제는
가슴 안에 품어 키운 고마움들을
보내주어야 할 시간
축복처럼 그리움이 쌓인다.

지금, 여기가 가장 행복했음에
감사하는 마음
햇살처럼 쏟아져 내린다.

비울수록 더욱 많이 사랑할 수 있음을
이제야 알게된 가슴이
떠나보내야 하는 아쉬움
하얗게 덮는다.

조금 더 사랑하지 못했음을
조금 더 기다리지 못했음을
조금 더 조금 더……

왜 우리는 헤어질 시간에야

소중한 것들을 알게 되는 것일까?

서서히 꼬리를 감추는 하루 해를 보며
일 년 내내 곁에 함께한
한 톨의 먼지마저 고마워지는
이 순간에

우리는 또 한 해의 사랑을 떠나보내야 한다.
새로운 만남을 준비하며……

그 어느 날의 일기

사람 그리운 가을 날
아름다운 순천만에 초대를 받았다.

35년 전 젊음을 바쳐
함께 했던 13살짜리 어린 제자들을
만나러 갔다.

그 때 그 어린 학생이
'그대 곁에 항상 있겠다'는
사랑의 연서를 시로 풀어
세상에 내놓았단다.

국어를 사랑하고
시를 사랑하고
글 쓰는 것을 좋아한 것이
선생님에 대한
존경과 그리움이었다고……

아주 긴 시간의 고백을
순간의 언어로 남긴다.

만추에 남기고 온 그리움

찬바람이 가슴 시리게 불어대는 날
곱게 물든 단풍나무 숲길을 걷다가
내 안의 그대를 만나
그리움 가득 주웠습니다.

어질디 어진 산의 품에서
건져낸 내 그리움
줍다가 줍다가 못다 주운 그리움은
풀 숲 낙엽 더미에
그냥 묻어두고 내려 왔습니다.

예쁜 낙엽 하나 마음갈피에 꽂고
떨어져 구르는 열매 한 톨 손안에 품고
줍다가 줍다가 못다 주운 그리움은
숲길에 그냥 두고 왔습니다.

내 년 이맘 때쯤
단풍 따라 더욱 곱게 물든 그리움
다시 만나러 오려
풀숲에, 숲길에 그냥 두고 왔습니다.

정토사에 가는 날

깨어져 부서진 어깨 아래로
가슴에 안은 사랑 곱게 지키는
인자하신 미륵 부처님이
굽이굽이 돌아드는 중생들 반기는
부처골 정토사

미소 고운 스님이
오는 인연 마다않고
가는 인연 길 밝혀 배웅하며
부드럽게 세상을 두루 살핀다.

남도에서
중부까지
부처골 정토사 가는 길은
새벽길 나서도
점심 공양 빠듯한 길

그 길이 그냥 예불인양
그 길이 그냥 법당인양
마냥 좋아
그 길 가기 전
밤을 설친다.

세월은 가고 사람도 가지만

할 수만 있다면
아름다운 생각만 남기고 살자

세월도 가고
사람도 가지만
그 마음만은 남아있느니……

바로 지금이 시절인연이고
여기 이 사람이 그리운 인연이려니

산에 꽃이 피듯이,
들에 열매 맺듯이

세월은 가고
사람도 가고

우리는 또 다시
마음 그리운 인연으로
생각 속에 남으리.

법정 스님의 다비식을 다녀와서

무소유란
한 마디마저도 버리고
그냥 사는 세상이 미안해
항상 산 숲에서 함께 하시더니

마음 하나 챙긴 채
이제
한 장 널판에
누우셨네요.

향기로운 인연은
스님 불 들어가요 한 마디에
활활 타오르는 불꽃이 되고

'화 중 생연이요' 외치는 소리에
한 송이 연꽃이
만인의 가슴에 핀다.

한 겹 무명자락을 덮고

꽃자리 닦으시며
'살아있는 것은 다 행복하라.'
하셨지요.

그리움 끝나는 곳에
길이 되어 다시 흐르는
너무도 좋은 그 분이기에
하나의 작은 점으로라도
찍히고 싶었다.

인연

너와
나
길 따라와서

사랑되어 꽃으로 피고
그리움 되어 바람으로 날리고

마지막
한 점
잊음으로
하나가 되다.

solveig의 노래

젊은 날의 꿈이 묻어있다.
서러운 그리움이 흘러내린다.

메타세콰이어 길을 걷던 그 날의 아픔이
늦은 밤 되돌아 나오던 교정의 눈길이 미끄럽다.

젊음은 도서관에서 밤새워 세상을 논하고
너는 레코드판 위에서 맴을 돌았지

그 때 우린
하얀 눈이 펑펑 쏟아지는 밤
너의 애처로운 목소리를 들으며

황급히 세상으로 달려 나가야 했다.

그렇게도 많던 문들은 모두 닫히고
선택할 수밖에 없는 단 하나의 문을 향해.

자기 방생

'인간은 등에 자기 이야기를 지고 나온다.'
항상 말씀하시던 어머니
가시고 십사 년째
해마다
칠월 백중
불쌍한 미물들을 방생한다.
'다음 생에는 꼭 좋은 몸 받으라고……'

그리도 못마땅하던
어린 시절
우리 어머니 모습 그대로
온 정성 다해
두 손 모아 빈다.

돌아서는
중생들 등을 향해
스님의 한 마디

'자기 방생도 하세요!'

인간은 등에 자기 이야기를 지고 나온다.

나이 들기

이렇다 할 행사장이나
모임에 가면
모여든 얼굴들은 점점 낯설어지고

하루를 묻는 안부처럼
날아오는 종이쪽지에는
낯익은 이름들
자꾸만 적혀
온다.

정리되지 않은 숙제처럼
엉킨 실타래
자꾸 맴을 돌더니

이제
해마다
달마다
하루가 다르게

모든 것 받아들이는 게
익숙해진다.

뜨거운 차 한 잔

어느 날
혼자서 길을 걷는다,
약속 없이

누군가 만나고 싶은데
부를 이름이 없다.

항상 옆에
그리도 많던 친구들이
하나도 생각나지 않는다.

찬바람에 눈물 일렁이는 날
마음을 들어줄 사람이 없다.
이름도 전화번호도
모두가 아니다.

혼자 비바람 맞으며
걷는 세상
알면서

걸음걸음 못 거두는 미련

오늘 다시 하루를 깨닫는다.

아! 인생은 너도 나도 없는
그런 것이 아니더냐!
뜨거운 차 한 잔만이 위로가 된다.

마음이 만나는 세상

그 때
꼭 일어나야 했던 그 일은
때가 오면
다시 일어날 수 있다.

힘들면 돌아서 가고
빨리 가려면 험한 것쯤 견뎌내고
그렇게 가는 것.

이루고 우쭐할 것도
늦었다고 기죽을 것도 아니다

언제나 그 자리에서
항상 그랬던 것처럼
새해도, 섣달 그믐날도 맞이하는
산도, 나무도 있지 않은가?

흘러가는 시간에
우리는 마음을 뺏길 필요가 없다

모두는 다만
지금 여기에 있을 뿐이다.

그 때 그 일
언제라도 다시 만나서
만나는 그 때 이루면 된다.
세상은 항상 이렇게
마음이 만나면 다 이루어진다.

언니

내 마음 속에는
항상 내 편인 언니가 살고 있다.

초등학교 입학하는 날
콧수건 달아주며
"우리 막내 잘해야 한다!"
손잡고 함께 학교에 갔던 언니가 살고 있다.

그렇게도 솜씨가 좋아
송학에 달도 새기고,
수복을 한자로도 새기던
언니의 베갯잇은 언제나 인기가 좋았는데…

외아들 남동생, 십일 년 기다려 태어난 막내
동생들 뒷바라지로 꿈을 묻고
뛰어난 머리, 뜨거운 열정 식히며 지낸
자태 고운 우리 언니가 살고 있다.

바람 불어 어지러운 날
흙먼지 뒤집어쓰고 땀범벅 젖은 얼굴
헉헉대며 들어앉은 툇마루
이 곳 저 곳 문을 열어 먼지도 날려주고
머리도 곱게 빗겨주던 곱디고운 우리 언니!

지천명이 지난 내 마음 속에는
철없던 시절 그대로 항상 내 편인
스물 한 살의 언니가 마냥 그렇게 살고 있다.

다 놓고 가자

세상에 영원한 것은 없으니
다 놓고 가자.

밝은 눈 하나면 족하다
맑은 맘 한 쪽이면 충분하다.

쓱쓱 비비고
빡빡 닦아서

'나'를 '너'처럼 볼 수 있는 밝은 눈
'자기' 속 그림자 살필 수 있는 맑은 맘
그것이면 된다.

다 놓고 가지
모두 버리고 가자

나이 들어서야 찾아오는
어리석은 지혜야!

2

저 혼자 고운 詩

참으로 슬플 때는

그 슬픔 속에서 살며시 빠져나와

시를 만난다.

모두를 받아주는 너의 가슴이

좋다.

저 혼자 고운 시

정말 외로울 때는
조용히 내 안의 뜰을 거닐며
시를 만난다.
따뜻한 너의 가슴이 좋다.

참으로 슬플 때는
그 슬픔 속에서 살며시 빠져나와
시를 만난다.
모두를 받아주는 너의 가슴이 좋다.

이길 수 없는 고통이 와도
그 아픔에서 살짝 일어나
시를 만난다.
무엇도 덮어주는 너의 가슴이 좋다.

외로움, 슬픔, 고통
어느 때라도
시를 만난다.
너의 가슴에서는
누구도, 무엇도 저 혼자 고와진다.

숲 속에 앉아

숲 속에 혼자 앉아 있으면
무수한 만남이 찾아온다.

소리쳐 부르는 새들의 노래
멀리서 반갑게 달려오는 바람 소리
가만가만 봉오리 여는 풀꽃들의 합창
눈 감고 들어야 들리는
나무들의 작은 속삭임

갈수록 서로에게 아픔이 더해 간다는
들짐승들의 안타까운 걱정
능선을 타고 내리는 작은 생명들의
다정한 발자국 소리
사람의 마을을 향해 다가오는
산그늘의 수런거림.

마음 문 열고
숨죽이며 귀 기울여야 들을 수 있는
참 곱고 아름다운 소리들

숲 속에 혼자 앉아 있으면
무수한 아름다움을 만난다.

혼자여도 괜찮다

흔들리지 않고
샘 내지 않고
혼자여도 함께 인양
아메리카노
진한 커피 한 잔을
천천히 마신다.

많을수록 좋다는 것은
그들만의 이야기
그래도
둘은 돼야지
그것도 그냥 사람들의 핑계

오늘을 살고
내일을 또 사는데

넘어지지 않고
밀어내지 않고
두 손 꼭 쥐고 가는 길

혼자여도 괜찮다.

혼자여서
둘이 될 수 있고
우리가 될 수 있다.

우리 사랑

너는
내
가슴 속에
핀
한 송이
들꽃

물주고
다듬고
가꾸고 싶지만
손닿을 수 없는
가슴 속에
핀
한 송이
들꽃

따뜻한 온기로만
아픈 정성으로만
간절한 기도로만

가 닿는
가슴 속에
핀
한 송이
들꽃

우리 사랑.

백설부

밤새 내린 눈 위에
그리운 당신이 하얗게 웃고 있네요.

반가움 묻어둔 멀뚱한 얼굴로
소설 속 큰 바위 얼굴처럼
소리 없이 웃고 있네요.

하늘가 맴도는 내 긴 그리움
하얗게 바랜 밤에 묻은 채
온 세상 다 품고 찾아와 웃고 있네요.

내 가슴에 망울져 있는 당신 모습
소리쳐 부를 수 없는 절절한 목 메임
모두 담은 그 모습으로 그렇게 밤새 웃고
있었습니까?

긴 긴 겨울밤 내내
문 열고 나올 내 반가움에 가슴 설레며
그냥 그렇게
한 편의 시가 되어 기다리고 있었습니까?

깻돌밭에서

동백리 바닷가
깻돌밭에 앉으면
깨알같은 사연들이 소식을 보낸다.
너에게 나의 의미가
하나의 소중한 인칭 대명사이고 싶다고……

밀려왔다 밀려가는 파도의 손끝에서
물살 비껴 녹는 살 깎이는 그리움
끝도 없는 긴 바다 가는 해안선 따라
연이어 쌓여가는 깻돌들의 아픈 기다림

참으로 긴 시간이어라
굵은 바위 밀리고 깎여 깻돌로 쌓이고
큰 아픔 잔잔한 기쁨으로 자맥질하는
푸른 바다 위 아스라한 수평선

깻돌밭에는 진한 그리움 담긴
깨알 같은 사연들이 내일을 기다리고 있다.

섬 소녀들의 꿈

봄, 여름, 가을, 겨울.
바다가 보내는 사랑을 꿈꾸며 산다.

가끔은 설렘을 함께하고
가끔은 물살이 이야기를 나누며
계절이 지나가는 향내에 희망을 날리고
부서지는 파도에 세상을 띄우며 나를 키운다.

소나기 온 뒤의 맑은 햇살과
곱디고운 일곱 빛깔 무지개.
조금 사리 지난 바닷가
무리 지어 나는 백로 떼.
어두움 뒤로 하고 돌아오는 어선의 불빛들.

빛진 자연에게 감사하며
시간의 친구가 되어
항상 오늘처럼 살 수 있는 어른이 되고 싶다.

인류학자도, 유치원 선생님도, 상담원도, 인기 연예인도
존경받는 선생님도, 요리사도, 모델도, 공예가도
의사도, 피부관리사도, 회사원도, 헤어디자이너도, 기술자도
모두 모두 되고 싶지만
그보다 더한 것은
착한 친구들과 지금처럼 웃을 수 있는
바다 닮은 이 마음 변치 않는 것.

2월은

2월은
다 채우지 못한 기다림이 있어 좋다.

앙상한 나뭇가지
숨어서 쉬는 숨소리를 들으며
서향 고운 향내가
마지막 한 방울 향기를 품어내려는 순간 같은
이런 날에는
홀씨로 떨어진 희망이 땅 속에서 싹을 올린다.

동백이 진 자리 붉은 상처에
새 살을 내민 흰 매화의 아린 인연 앞에서
서로가 서로에게 손을 흔드는
고향의 간이역 같은
이런 날에는
날갯짓하며 하늘로 간 꿈이 파닥거린다.

차갑게 돌아누운 강물이
버들강아지 보송한 솜털을 보듬으며

세상 마중 나가는 길목 같은
이런 날에는
사람들이 무심코 흘리고 간 마음 한 가닥을
줍는다.
'봄은 언제나 기다림이라'고……

2월은
다 채우지 못한 기다림이 있어 더욱 좋다.

거북섬

남도의 섬 끝자락
해안가 깻돌밭에 앉아
먼 바다
외로이 떠 있는 한 점 섬 무인도를 본다.

오랜 세월
끊임없는 도전과 쉼 없는 전진으로
온 바다 누비며 꿈을 키우는 거북섬

그 머리
섬 모퉁이를 돌아온 지 오래인데
아직도 몸은 바위둥지에 휘감긴 채
먼 바다 파도 소리를 그리워하고 있다.

찻물을 끓이며

보글보글 찻물 끓이는 소리엔
만남이 약속된 기다림이 있어 좋다.

누구라도 올 것 같은 찻잔에
찻물을 따르면
금세 껴안고 도는 포근한 향기

저만큼 오고 있는 낯익은 그림자
찻잔에 담아
한 모금 목을 축인다.

보글보글 찻물 끓이는 소리엔
기다림이 찾아가는 만남이 있어 좋다.

누구라도 올 것 같은 찻잔에
찻물을 따르면
어느새 피어오르는 따스한 향기

언덕배기 올라오는 반가운 숨소리
찻잔에 담아
한 모금 목을 축인다.

두어라. 떠도는 마음 한 조각

스치는 바람이 나뭇잎을 떨어대면
제 자리를 찾지 못한 마음 한 조각 가슴 속을
떠다닌다.
그리움인지, 외로움인지 알 수도 없는
떨어져 나온 마음 한 조각
자꾸 가슴 속에서 이리저리 떠돈다.

제철바람이 걸림 없이 몰아오면
삶 자리 비집고 나온 마음 한 조각 이리저리
떠다닌다.
미움인지, 사랑인지 알 수도 없는
어느 모퉁이 돌아 나온 마음 한 굽이
자꾸 가슴 속에서 이리저리 돌아든다.

바람이 오늘을 몰고 산을 넘으면
하루를 돌아서며 남기고 간 마음 한 조각
여기저기 기웃거린다.
슬픔인지, 아픔인지 알 수도 없는

어느 귀퉁이 따라 못 돈 마음 한 귀틀
자꾸 가슴 속에서 이리저리 뒹군다.

두어라. 사람아
떠도는 마음
한 조각
여기저기
거기가 우리네 삶이어니……

그대 등에 등불 하나

모두들
등에 등불 하나씩 달고 산다.

마음 어두운 나를 위해
뒤에 오는 그대를 위해
마주할 땐 결코 볼 수 없는
그 등불

돌아서 가는 순간 빛나는
숨겨진 진실 하나.

구부린 등 너머
웅숭그리고 올라앉은 짐
그 짐 너머
빛나는 등불 하나

우리 모두는
보는 사람만이 볼 수 있는
누군가를 위한 등불 하나
등에 켜고 산다.

언젠가 스치고 지나간 듯한 그리움으로

끊임없이 흐르는 시간 앞에서
오늘, 지금, 이 순간을 만난다.
딱 한 번.
언젠가 스치고 지나간 듯한 그리움으로

수많은 만남 가운데에서
현재, 여기, 이 사람을 만난다.
딱 소중한 인연.
언젠가 스치고 지나간 듯한 그리움으로

매일 같은 하루 중에서
이제, 방금, 일상의 순간을 만난다.
딱 최선의 삶.
언젠가 스치고 지나간 듯한 그리움으로

이제 안다.
그것이 지나간 그리움이 아니라
가장 큰 행복이었음을……

가을비 내리는 날

태풍에 밀려
비가 내린다.
가을비가 내린다.
아직 덜 물든 낙엽이
바람에 몰려 떨어진다.
비에 젖는다.

그리움은 이제 추억이 되었다.

온전히 물드는 그 날
함께 가자던 친구의 약속.
가을비 내리는 날
헤어지기에는 못내 덜 익은 그리움을 안고
거센 바람에 낙엽이 떨고 있다.
가야만 다시 온다는 것을 알면서도……

그래, 이제 추억이 그리움으로 남는다.

붉게 타는 가슴

하나가된 우리들의 약속
덜 익었어도, 덜 물들었어도,
아무렇지도 않다. 그냥 괜찮다.
젖어 내리는 비를 타고 낙엽이
땅으로 눕는다.

가을비는 그렇게 우리를
우리들의 고향으로 돌아가게 한다.

정말 세상이 아픈 것은

어느 바람 쌀쌀한 날
어머니의 된장찌개가 먹고 싶다는 아들의 전화
끈끈한 그 목소리에
내 어머니의 된장찌개 냄새가 나를 감싼다.

김치를 버물던 마디 굵은 손길이 사라진
정월 스무 닷샛날

조각 난 내 오늘을 잠시나마 누이고 쉴만한
그늘이 없다.
줄줄 흐르는 내 자존심의 눈물을
닦아줄 손이 없다.

아픈 가슴 안고
찾아가 보는 그 자리
항상 거기 있어 안아주던
포근한 가슴이 없다.

세월이 갈수록 커지는 그 자리

지난 날 어머니 보내드린 세월만큼의 자리에
서서도
끝내 막내딸이고 싶은 내 어린양은
하늘 끝을 맴돈다.

'정말 세상이 아프다고, 너무 많이 아프다고……'

바다에 바람꽃이 하얗게 필 때

바다에 바람꽃이 하얗게 필 때
육지로 향하는 목마름을 느낀다.

뱃고동 애타게 바람을 탈 때
사람 향한 마음에 파도가 친다.

서로 응원하며 살자.
서로 기대고만 살기에는 너무 힘들다.

서로 마주보고 응원하며 살자.
서로가 서로에게 박수를 보내며 살자.

바다에 핀 하얀 꽃
바람 타는 푸른 마음결

서로서로 바라보며
마주잡고 살자.
흔들릴 땐 함께 흔들리고
빛날 때는 각자 빛나더라도……

세월 따라 흐르는 꿈

가끔씩 생각나는 사람 있어
그리움에 젖으면 좋고

어쩌다 그 그리운 사람이
닫힌 문 열고 찾아와 주면
더욱 좋고

창밖으로
둥근 달과 빛나는 별을 볼 수 있고
아침에 눈을 떠
눈부신 태양을 마주할 수 있으면 행복하고

신선한 공기를 맞으며
무성한 나무 우거진 숲길을
아무 생각 없이 거닐 수 있으면
더욱 행복하여라.

오롯이 진실이 된 하루

바람이 아무리 차가워도
매화는 꽃을 피우고
온 대지가 아무리 냉랭해도
씨알은 싹을 내린다.

삼 월이면 새로운 시작이 있고
이 월이면 어김없는 끝이 있고
그 가운데 어디 쯤에서
우리는

사람이 사람에게 향하는
잣대를 세우고
'평가'라는 것을 하면서
사람의 역사에 기록을 남긴다.

아이들은 아이들끼리
부대끼며 맞대고 자라고
어른은 어른대로

부딪히고 깨지며
흘러간다는 것을 알면서도

우리는
우리 마음에
새겨진 하루를
오롯이 진실로 남긴다.

겨우살이 풍경

햇빛 빛나는 그 시간까지
밤새 내린 눈
무겁게 이고
널따랗게 통으로 펼치고 버티고 서있는 소나무 옆

살랑살랑 흔들리며
바람 타는 대나무
마디와 매듭으로 높게 뻗어
가느다란 댓잎 눈을 벌써 다 떨구고
파랗게 빛나고 있다.

사는 방법이
이렇게 다른데

……………………

그래도
대나무도 소나무도
모두
사람사는 세상에서
숲을 이룬다.

묵힐수록 좋은 것들

사람과 사람사이
모르고 만나 알아가는 사이
알고 만나서 정들어 가는 사이
서로 챙기면서 힘이 되는 사이
아옹다옹 싸우면서 커가는 사이

몇 번을 버리고 다시 찾은 고향.

한 줄만 줍고 던져버린 수많은 생각들.

보이지 않은 데서 시작되는 인연.
…………………………

묵힐수록 좋은 것들은

마음을 저리게 한다.

아직도 아름다운 여고 시절

백목련 고운 잎이 망울져 기다리는 시간
창 너머 부서지는 물빛 한 결 한 결에
희망을 쓰고 있는 소녀들 이름 하나씩 읊어본다.

하나, 슬하, 주리, 순예, 고운, 다슬……

갓 돋아난 쑥 한 웅큼 캐다주던 아이
현관과 방이 맞닿아 있는 좁디좁은 삶을
포도시 혼자서 헤치고 살면서도 해맑게 웃던 아이
해 저문 저녁에 잠긴 대문 열고 혼자
들어가면서도
언제나 그랬다고 아무렇지 않게 말하는 아이
2시간 거리가 충분한 길을 새벽마다 걸어서
등교하면서도
괜찮다고 무섭지 않다고 말하는 아이

좁은 방보다 아빠의 작아진 희망이 더 답답하다고
혼자 사는 집보다 집 나간 엄마의 삶이 더
아프다고

어둔 새벽길 두 시간보다 할머니의 아픈 몸이
더 어둡다고

슬픔에 가슴 아픈 소녀들이
나는 왜 이렇게 고맙고 아름다운가?

슬픈 일

도시 디자인과 민병현님
09. 12. 02
지병으로 별세
휴대폰에 찍힌 문자메시지.

마흔 일곱.
나이다운 나이랄 것도 없는 나이
그렇게 갈 것인데……

"선생님, 저 지금 친구들 만나러 순천 가는데,
함께 가시면 얼마나 좋아요.
맨날 바쁘시다고…"

탱글탱글한 목소리로
정이 뚝뚝 묻어나는 전화를
그리도 자주 하던 녀석.

머리 좀 길더라도 내버려둘 걸…
바지 좀 딱 달라붙더라도 그냥 둘 걸…

공부 좀 덜하고, 땀 뻘뻘 흘리며 놀 때
더 놀게 말리지 말 걸…

성적 좀 안 좋아도 기죽이지 말 걸…
말 좀 안 듣고 삔질거려도 화 내지 말 걸…
그것도 얼마나 예쁜데…

마흔 일곱 먹은 그 아이를 보내고 나니
선생님이었던 내가
하지 말았어야 할 것들이 왜 이렇게 많은지…

내가 하지 말았어야 할 것을
너에게 하지 말라 한 것이
정말 슬프구나!

그 때는 몰랐습니다

아들 딸 얼굴 한 번 보는 것이
이렇게 힘이 되는 줄
그 때는 몰랐습니다.

단 몇 달 집 비운 아들 녀석
다녀가는 것이
이렇게 기쁨인 줄
그 날에는 몰랐습니다.

김치찌개 달걀말이 소박한 밥상에서
땀 뻘뻘 흘리며 먹는 그 모습 보는 것이
이렇게 행복한 줄
젊은 날엔 정말 몰랐습니다.

삶은 강냉이, 썰어 담은 과일 조각
내일 아침 조식으로 먹겠다며
들고 나서는 그 모습이
이렇게 보람인 줄
짐 챙겨들고 문 밖 배웅하던
부모님 계실 때는 진정 몰랐습니다.

사는 게 힘들고 바쁜데
자꾸 성가시다고 투덜대던 그 철없던 날에는
그 때 그 자리 내가 앉아
이렇게 가슴 절이게 아파할 줄
정말 몰랐습니다.

숲이 된 그대

사람 사는 세상에서
사람이 그립다.

그날이 그날이고
어제가 오늘인 세상에서
미처 못 본 정말 사람이 그립다.

'사람이 없다.'고 말씀하시던
그 때 그 시절 어머니의 나이 쯤에서
소중한 한 사람, 그가 그립다.

모두들 바쁘게
뛰고, 날고, 달리는 세상에서
그대로 선 채
세상에 부는 바람 다 안고가는
나무가 된 한 사람이 그립다.

정말 그리운 그 사람이여!
그대가 있어
세상은 숲이 되었다.

3

함께 가는 길

그리움의 끝은

언제나

고개 반쯤 돌려 마주선

너

였다

함께 가는 길

그리움의 끝은
언제나
'고개 반쯤 돌려 마주선
너'였다.

가을날
쏟아질 듯 내리붓는
밤하늘의 별에도
가슴이 뛰었고

이른 봄
언 땅 밀고
뾰쪽히 내민 여린 싹에도
가슴이 설레었다

끝없는 푸른 바다
날갯짓하는
새들의 군무에도
마음 부풀었고

어스름 안개 뚫고
달려오는
새벽 찬 바람에도
마음 훈훈했지만

그래도
그리움의 끝은
언제나
'고개 반쯤 돌려 마주선
너'였다.

그 고운 사랑이 그대라네요

내 가슴에 능소화가 필 때
그 마음
지는 꽃잎 보며 알았습니다.

담장 너머 넝쿨째 올라와 하나 남은 진주홍 꽃잎
바람 맞으며 흔들릴 때
그 때 보았습니다.

모레쯤, 내일은, 오늘만은……
생각 따라 꼭 집어가는 점 어딘가를
보고픔이라 하고

하루, 이틀, 사흘……
돌고 도는 회오리 그 끝없는 흐름을
그리움이라 하고

보고픔으로
그리움으로
타는 가슴 그 고운 마음을
사랑이라 하고

그 보고픔을
그 그리움을
그 고운 사랑을
계절이 오고가는 길목에서 알았습니다.

억새꽃 하얗게 넘실대는 가을 들판
휩쓸고 불어온 바람
그 고운 사랑이 지금, 여기 그대라네요.

동행

산딸기 따는 분주한 손길 속에
보고 싶은 얼굴들이 달콤하게 웃는다.
그리움이 향기로 날린다.

들꽃 서로 부비는 산등성이
듣고 싶은 목소리 간지럽게 울린다.
보고픔이 바람결로 흔들린다.

'보고 싶다' 외치면
메아리가 되돌리고
'만나고 싶다' 말하면
바람이 몰고온다.

좋아하는 사람들
한 무더기 들꽃으로 피고
포근한 가슴들
무성한 들풀로 자라고

우리 서로에게
소중한 희망이 되고
아름다운 이야기가 되어
도란도란 산을 넘는다.

당신들이 오신다기에

담장 너머 넝쿨장미 붉은 그리움이
망울망울 아리게 맺히는 아름다운 날
보고싶은 당신들이 오신다기에
소박한 잔칫상일망정
온갖 솜씨 고운 정성 담아
한 상 마련해 보았습니다.

고개 마루 하얀 찔레꽃잎이
엄마 부르는 노래를 눈부시게 쏟아내는 날
만나고 싶은 당신들이 오신다기에
텃밭에서 자란 푸성귀일망정
정갈히 다듬고 손질하여
한 상 마련해 보았습니다.

고향 언덕 아카시아 꽃줄기에
어린 시절 꿈이 흐드러지게 넘실대는 날
반가운 당신들이 오신다기에
해묵은 장맛 곰삭은 젓갈 반찬일망정
헤집고 뒤집어 고르고 골라
조촐히 한 상 마련해 보았습니다.

그대들 가슴 안에
어머니 정성 담긴, 정갈한 손맛, 곰삭은 정이
타오르던 목마름에 한 줌 단비가 되는 날
소중한 당신들이 오신다기에
살맛나는 세상길 함께 가는 동무로
오롯이 한 상 마련해 보았습니다.

친구 · 2

젊은 날, 그 날
캠퍼스에 파릇한 새순이 돋고
새내기 맞이하기에 바쁜 교정에서
우린 우연처럼 스치고
인연처럼 마주 앉았다.

어지러운 나날 속에
본관 앞에서는 낯선 어른들이 몇 명 모여
동전치기를 하고
고운 내 친구가 목이 쉬도록 세상을 향해
외쳐댈 때
우린 나가지 못할 기사를 쓰며
매일 오는 내일처럼 소망을 믿었다.

가을앓이처럼 계속되는 단풍빛 타는 목마름
닫힌 문 밖에서 애타게 두드리는 간절함

어여쁜 내 친구는 끊겨버린 전선줄에 목소리를
날리면서도
항상 부는 바람처럼 희망을 믿었다.

회색빛 하늘가로 하얀 눈이 토해내는 핏빛
그리움
도서관 책장 사이로 넘실대는 활자들의 마지막
몸부림
곱고 예쁜 내 친구가 스러져가는 한 해의
끝자락을 잡고
다시 솟아오를 태양을 기다리고 있을 때

우린 찢겨진 달력 장에 우리들의 역사를
기록하며
소망도, 희망도, 일상처럼, 계절처럼 믿고 싶었다.

2월의 하늘 아래

하늘에 무수한 축복이 날리고
땅 위에 찬란한 빛이 내릴 때
널리 날리는 세상 속 찬가
스승이시여!
영원하소서
영광과 환희와 보람 속에서……

온전히 바친 인생의 문을 열고
헤아려 보는 교단생활.

꿈속에서도 깨어나
잘 빗질된 햇살이 걸려있는 교실에서
당신이 하얀 분필가루가 될 때
학생들은 별빛 눈을 뜨고
다시 그별은 아이들의 가슴에
은하로 흘렀습니다.

사시사철 은하가 흐르는
아이들의 나라에서

항상 당신은 하얀 분필가루이고자
밤마다 수를 놓곤 했습니다.

이제
떠나는 자리
겨울은 봄을 몰고
봄은 당신의 꿈을 몰아
몰린 꿈은 다시 당신의 사랑을 모느니

가진 것 없어도
차고 넘치는 당신의 사랑이여!
푸르게 뜨겁게 영원히
흘러라.

바다고동

열길 물 속은 알아도
한길 사람 속은 모른다고.
사람 속도 아니고
길지도 않은 너의 속은
왜 알 수가 없을까?

빌빌 꼬여 들어간 속은
누구의 장난이며
끝자리 푸른 멍은
누구의 심술인가

애타는 가슴 숨기고 사는 너의 속앓이일까?

소라는 소라대로
전복은 전복대로
넓은 듯 좁고
좁은 듯 넓은 그 마음 속.

어린 시절
꽁무니 짧게 자르고
쏙쏙 뽑아내던
그 즐거움을
어른이 된 지금 더욱
누리고 싶구나.

마음자리

많은 사람들이 스쳐가되
인연자리 앉는 사람 따로 있듯이
수많은 이들과 웃으며 이야기하되
마음속 자리하는 사람 따로 있지요.

부족함 많은 내 생각 속에
그래도
언제나 아랫목처럼 버텨주는 그대 있어
창 밖 시린 바람을 견딜 수가 있었습니다.

나만 보는 한 눈으로
목마르면 달려가 마실 수 있는 물처럼
내가 필요할 때만 찾는 이기심이
그대를 잊었습니다.

이제
내 안의 마음자리
모두 비워 두렵니다.

마음 속 챙긴 그 자리에
언제라도 그대가 마음 문 열고
소박한 웃음 웃으며 들어오도록.

야간 자율 학습

늦은 밤
외딴 섬 소년 소녀들의 꿈과 희망을 담은
밝고 환한 불빛이
교실 창을 넘어 뭍으로 간다.

우리에게도 이루고 싶은 소망이 있다고
꼭 이루어야 할 미래가 있다고
두 손 마주잡고 다짐하며
딱딱한 의자에서 내일을 키운다.

아버지 손에 들려진 그물망을 보며
어머니 허리에 버거운 다시마 포자를 생각하며
책장에 어른대는 푸른 파도를
힘차게 헤치며 하루를 넘긴다.

어릴 때는 몰랐던
등대의 반짝임
어부들의 길잡이가 되는 그 사랑
새기고 다지며 어둠을 가르는
늦은 밤 외딴 섬
산 아래 작은 학교의 교실 창엔 지금도
불빛이 빛난다.

내 그리움 금일도

나주평야 달리고
영암고을 지나면
강진 마량항
남도길 살진 땅만 골라 디디고
금일도 가는 배를 탄다.

넓게 펼쳐진 푸른 바다
여기저기 앉아 있는 수많은 섬들
골목길 누비고 헤치며
파도 위를 미끄러지듯
도장항을 향해 달린다.

가로 눕고 세로 눕고
선창에 기대앉고
저마다 피곤한 심신을
고향집 따끈한 아랫목에
먼저 보내고

"동백리 유씨 아들 결혼식에 다녀 온다고,

일정리 천씨 할아버지 칠순 잔치에는 상다리가
부러졌다고……"
휴식 마당에 자리한 푸짐한 마을 소식
왁자지껄 우리네 이야기가 정겹게 다가온다.

지는 해 뜨는 달을 선명하게 볼 수 있고
서늘한 바람에 섞여 우는 억새 울음을 들을 수
있으며
왜가리, 백로 무리 지어 날아가는
별빛 찬란한 맑은 밤하늘 아래
반딧불이가 나는 마을.
동백리 해수욕장엔 추억이 찰랑찰랑 쌓여가고
용항리 깻돌밭에서는 인정이 자그락자그락
익어가는
내 그리움 금일도여!

그리움이 찾아오면

빗줄기 세차게 내리붓는 날
후둑후둑 우산에 떨어지는 빗소리를 들으며
그리운 사람을 만나러 가고 싶다.
촉촉이 젖은 옷매무새 그대로
보고 싶은 사람을 만나러 가고 싶다.

그리움이 주룩 주룩 내리는 날
그리움보다 더한 반가움 휘감긴 가슴을 맞잡고
늦도록 이야기를 나누고 싶다.
지나온 길 함께 펼쳐놓고
바람에 낙엽 구르는 소리 뒤 곁에 밀릴 때
햇고구마 김나는 노란 속살을 호호거리며 삼키듯
묻어둔 우리들의 이야기를 나누고 싶다.

외로움보다 보고픔이
더 목 빠지게 하는 이런 날
때릴 수도 만질 수도 없는 저림 같은
그리움 밀쳐내고
고개 빼죽이 내미는 그 이름 뇌이며……

빗줄기 세차게 내리붓는 날
후두둑 후두둑 우산에 떨어지는 빗소리 동무삼아
그리운 사람을 만나러 가고 싶다.
촉촉이 젖은 옷매무새 그대로
보고 싶은 사람을 만나러 가고 싶다.

참 많이 보고 싶었습니다

가을로 가는 바람이 마음을 흔들고
풍성한 하루해가
누렇게 익은 벌판을 한 모퉁이 돌아들 때
보고 싶은 그대들 얼굴 맴을 돕니다.

시간의 흐름 앞에
모두들 그 자리 그대로인데
새벽이슬이 마르기 전에 시작되는 우리들의 일상
아이들의 웃음과, 아이들의 아우성 속에서
하루 스물 네 시간을 다 쏟아도 아쉽습니다.

있고 없고, 사랑하고, 미안하고, 고마워하고
삶이 고스란히 닮긴 우리들의 하루하루
다 알지만 정답이 사전에 없어
살수록 어려운 게 많은 세상이 되었다고
말합니다.

매일 새날은 새롭게 새 얼굴로 마주하는 우리
만남은 우리 삶의 의미

그래서
더욱 보고 싶었습니다.
항상 가슴 안에 있는 그대들이
참 많이 보고 싶었습니다.

당신들을 만날 수 있어

햇살 따뜻한 남쪽 땅 끝 마을.
반 천년 늙은 은행나무 그늘 책갈피에 끼우며
고산의 오우가를 함께 읽고 싶은
이곳에서
눈 맑고 마음 따뜻한 당신들을
만날 수 있어 참 좋습니다.

시오리 길 은모래 두루 밟고
물살 울음 소리 빠르게 길을 돌리는
전라 우수영 명량 울돌목
승리의 역사를 다시 한 번 쓰고 싶은
이곳에서
귀 밝고 가슴 뜨거운 당신들을
만날 수 있어 참 기쁩니다.

고천암 갈대밭, 가학산 물 먹은 검은 바위
구렁이가 착하고 악함을 가려주는
수정동, 금쇄동, 문소동 병풍산
새로운 산중신곡을 읊어보고 싶은

이곳에서
고운 손 바른 발을 가진 당신들을
만날 수 있어 참 즐겁습니다.

교정에 놀러 오는 아이들도
칠판에 하얀 분필 낙서도 사라진지 오래인 날에
어쩌면 찌그러진 도시락을 온기로 함께 데워
먹을 수도
채마밭 뭉개진 자리, 남겨진 씨알 하나
주울 수도 있을
아니, 줍고 싶은 이곳에서

멀리 오래 가는 삶의 향기를 지닌 당신들을
만날 수 있어 참 행복합니다.

바람에게 보내는 사연

겨울로 가는 차가운 바람이
낙엽을 몰아 길모퉁이를 휩쓸면
가슴 시린 사연
너에게 띄우고 싶다.

그리움이 깊어 기다림이 지쳤다고……

젖은 낙엽이
어린 시절 손끝에 말아 감긴 성적표처럼
가슴 통통 아리게 떨려오면
검붉게 물든 사연
너에게 띄우고 싶다.

그리움이 깊어 기다림이 지쳤다고……

칠판에 남겨진 숙제를 수선스레 옮겨 적고
채 끝내지 못한 수업을 둘둘 말아 곁에 끼고
친구 부르는 소리 따라 동구 밖을 내달려
이제 여기

우리 돗자리 깔고 앉아
화롯불에 구워진 군밤 노란 속살 구수하게
삼키듯
묻어둔 우리들의 이야기를 나누고 싶다고……

겨울로 들어오는 세찬 바람이
진한 쓸쓸함을 몰고 문턱을 넘어오면
하얗게 바래버린 그리움
너에게 띄우고 싶다.

이제는 그리운 사람을 만나고 싶다고……
이제는 보고 싶은 사람을 만나고 싶다고……

언제나 거기 그 자리

고운 장미, 하얀 찔레꽃 손짓하던
작년 이맘 때
거기 그 자리 함께 했던 마음
올해도 이 자리 여기 이렇게
함께하는 그리움 있어 향기롭습니다.

작년 이맘 때 만났을 때 그리도 반갑더니
올해 이 자리 초록이 짙어진 바닷가
목 빠지는 그리움 끝자락 끌어올리는
만남이 있어
다시 또 반갑고 반갑습니다.

여기 이 자리 피어나는 인연 꽃
웃음과 웃음으로 서로 마주보며 서 있는 것은
마음 속에 또 다른 내가 숨어 사는
따뜻한 그대들이 함께 하기 때문입니다.
가슴으로 가슴을 품는
정 깊은 그대들이 함께 하기 때문입니다.

그대들과 함께 한 아름다운 인연 자리
억겁의 인연으로 맺어진 향기로운 자리
반갑고 반가워 행복합니다.

내년에도
내년에도, 그 다음 내후년에도
따뜻하고 아름다운 인연 꽃 피어날 테니
언제나 거기 그 자리 만남의 자리
우리 모두 마음 문 열고 서서
높아진 파란 하늘, 날리는 꽃잎처럼 웃을 날
항상 있겠지요.
짙어진 초록 잎 사이, 빛나는 햇살같이 웃을 날
항상 있겠지요.

그 하루

항상
놓을 준비를 하며 산다고.
외롭고 힘든 자리에서도
나보다 가족보다 먼저
정의와 평등을 생각한다고.

이 세상에 나의 것은 없다고
맡겨졌으니 잘 키워 돌려주어야 한다고
그래도
사는 동안
단 한 번의 인연을 위해
오백 년을 기다리는
돌다리의 사랑처럼 살아야한다고
말하곤 했지

그가
꽉 막힌 공간
올 리도 갈 리도 없는 짙은 안개에 싸여
받아들여지지 않는 마음자리
서성일 때

무슨 말을 해야 할지……
찰나의 순간
구멍 뚫린 투명한 유리창 너머로
그의 맑은 눈물이
먼저 흐른다.

그 하루
나뭇잎 푸르른 5월이어서
더욱 서러웠다.

항상 그리는 행복입니다

철쭉이 지고, 장미가 피면
넝쿨넝쿨 넘쳐나는 그리움이
담장 너머로 고개를 빼고
행복을 마중 나갑니다.
시간을 쪼개서 옥당골로 달려오는
가슴 뜨거운 당신들을
만나는 것은 항상 그리는
5월의 행복입니다.

보랏빛 오동나무 꽃잎 사이로 하얀 찔레꽃이 피면
눈부시게 쏟아지는 그리움이
동구 밖 당산나무 앞자락을 휘감고 돌며
행복을 마중 나갑니다.
지친 몸 부여안고 옥당골로 달려오는
마음 따뜻한 당신들을
만나는 것은 항상 그리는
5월의 행복입니다.

연둣빛 사라진 자리 초록이 짙어지면
줄기줄기 흐드러진 그리움이
물보라 넘실대는 선착장을 하얗게 솟구치며
행복을 마중 나갑니다.
한 가닥 꿈을 안고 옥당골로 달려오는
희망 가득한 당신들을
만나는 것은 항상 그리는
5월의 행복입니다.

'보고 싶었어요, 만남이 인연입니다.'
말이 지닌 향기로 삶을 풍기는 당신들을
아름다운 5월에 만나는 것은
항상 그리는 행복입니다.

3월의 학교에는

3월의 학교에는
항상 봄처럼 깨어나는 별빛이 있습니다.

가장 많은 만남과 헤어짐을 반복하며
항상 봄처럼 깨어나면서 살아가는 새로움이
있습니다.

늘 처음 먹은 마음같은
진실이 있고 사랑이 있고 열정이 있습니다.

그리고
꽃을 피우기 위해
매서운 겨울 바람 마다 않고
봄 먼저 마중 나간 사랑이 있고

그 사랑을
진실로 사랑하는
참 좋은 당신들이 있습니다.

곡성 용주사에 가보셨나요

수선화 필 무렵
곡성 용주사에 가보셨나요?
수선화 노란 꽃잎 속에
주황빛 꽃술이 방울처럼 달려있는
그 얼굴을 보았나요?

대웅전에 오르는 길
아이의 작은 궁둥이만한 터에
노란 잎 받쳐 이고
주홍 꽃술 터트리는 그 모습을 보셨나요?

아침 햇빛 맨 처음 받아 이어
행운을 행복으로 터트린 꽃잎
나르시스의 꿈이 아니라도
황홀한 만족을 그대로 느껴 본 그 모습

수선화 필 무렵
곡성 용주사에 가보셨나요?
기대고만 살기에 너무 아쉬워
언덕빼기 맨살 서로 부비며
방울방울 사랑을 보내는 그 모습 보셨나요?

우리는 언제나 우리가 그리워

능소화 피는 칠월이 오면
긴 기다림 뒤에 오는
서러운 어릿냥인양
그리움이 자꾸 넘쳐서
향기로 날립니다.

행여
못 오시는 건 아닌지
어쩌면
아니 오시는 건지
우리와 우리 사이
시절 담이 너무 높아…

어제도 그리운 우리
내일 또 그리울 우리

오늘은 만나서
우리네 고운 사랑
토닥토닥 펼쳐나 보세

아름다운 그대들이여

이른 아침
창문을 열어
멀리 보이는 무등산에 안녕을 보내고
아이들을 기다린다.

저마다 다른 꿈을 꾸면서
하루를 향해 달려오는 아이들
아름다워서 다르고
달라서 아름답다

각양각색의 얼굴로
제 각각의 희망을 이야기하는
가끔은 엉뚱하고
가끔은 희한하고
실수투성이에 말썽장이

그래도 정겨운 것은
모두가 달라서 아름답기 때문이다.

송년의 인사

해 오름달에서 매듭달까지
산비탈을, 진흙탕 속을 때론 넘고, 탔지만
끝내 소박한 마을 아이들 웃음 속으로
그대가 서서히 사라지는
그 순간
이제 고마움의 인사를 보내렵니다.
더불어 함께해서 고마웠다고.

어느 쯤에서 멈추고, 어디쯤에서 가야할지
누군 웃음이고, 누군 아픔인지
어렵고 힘들어 혼자라고 느낄 때
멀고 가까움이 없는
크고 둥근 거울 앞에
더불어 함께해서 정말 고마웠다고

이제
찬란하거나 요란하지는 않지만 소중한 믿음으로
더 많은 사랑과 행복을 이야기하는 새해이기를.
화초에 물을 주다 문득 웃음이 번지는

마음과 마음이 어우러지는 한 해이기를.
진한 그리움으로 올리는 이 간절함.

잎이 진 자리, 꽃자리이듯이
이제 다시 시작입니다.

사랑했습니다.
고마웠습니다.
그리고 또 뜨거운 가슴으로 사랑할 것입니다.
또 다른 우리인 모든 이들이여

교무수첩에 남은 흔적

대문이 없는 울타리
덩그렇게 뒹구는 물통
썰렁하게 휑한 마당
터벅터벅 걸어 들어가는
아이의 뒷모습
그 속에 숨겨진 두려움을 본다.

설거지거리가 던져진 싱크대
미처 개키지 못한 이부자리,
널려진 옷가지들
주섬주섬 챙기는 아이의 떨리는 손끝
그 속에 찢겨진 날개를 본다.

긴 신호음 뒤에 찰그락 끊기던 집 전화
덜그럭 찌이익… 여기여기요… 철컥
왁자지껄 밀리는 아우성 너머
여보세요! 여보세요! 다급한 외침을 남기고
끊기던 휴대전화

지나치게 많은 결석과 지각
항상 뒷전에서 서성이며
꿈을 꾸면서도 꿈이 없다고 말하는
그 아이

발길에 차이는 자갈들
바스러지는 낙엽들
마음밭엔 눈발이 날리고

우리들의 교실에 시작종은 울렸지만
교무수첩엔 날씨가 빠진 그날의 일기가
채워야할 숙제처럼
빈 동그라미로 남는다.

친구

이름에 묻어
정이 넘치고
가슴이 울리는

나이 들어
꿈을 이야기할 수 있는
늙어 가는 영혼에도
성장의 길이 되는

어울림 속에서
있고 없음이 사라지고
좋고 나쁨이 무너지는

예뻐서 예쁜 것이 아니라
그냥 거기 있어서 예쁜
좋아서 그리운 것이 아니라
그냥 그리워서 그리운

너는 내 마음 속 향수가 되는
또 하나의 삶

발문

사랑과 그리움이 내면화된 의지

—윤경자 시인의 시 세계

노 창 수

(문학평론가, 광주문인협회 회장)

1

'사랑한다' 이 말로 글문을 열려 하지만, 치울 수 없는 가로막처럼 '그리움'이 누른다. 누군가를 그리워한다는 것은 지나간 사랑을 보듬고 달랜다는 뜻이다. 한때 긴장하며 나누던 사랑은, 끝나면 가슴앓이처럼 속수무책 '그리움'이 되어 터진다. 그것은 소리없는 바이러스처럼 연인들의 마음에 침범한다. 포스터 앤 알렌이 노래했듯 〈내 얼굴은 내가 쓴 문장으로 가득하니, 시간은 나의 펜〉 (When you and I were young, Maggie)일 것이다. 일찍이 숨어버린 내 사랑, 내 상처, 그리고 나서 '내 그리움'이 '나의 낭만'으로 자리 잡아간다. 그러나 오늘날은 그리움의 시를 쉽게 만나는 것도 어렵다. 일회용의 편리에 회한의 영혼은 사라졌다. 그만큼 시인들도 변형된 수사로만 그리움을 쓰려 한다.

헌데, 여기 소개하는 윤경자의 시는 잊었거나 지나쳤던 '그리움'의 순정시학을 대변한다. 눈 감으면 보이는 풀꽃편지 같은 것. 사랑, 우정, 추억 등을 한 상씩 차려 놓으면서도 특별히 가식이 없다.

시인은 현재 고등학교 국어교사로 문학을 가르치며 시를 쓰는 사람이다. 그는 2004년 〈문학춘추〉의 신인상으로 등단한 후 '문학춘추작가회'와 '전남문인협회' 회원으로 활동하고 있다. 첫 시집 『내 가슴에 꽃물』을 낸 바 있고, 문학교육의 경험과 함께 목하 창작 솜씨를 닦고 있는 중이다. 보건데 그의 사랑과 추억과 우정은 곧 인정(人情)임을 알 수 있다. 학교생활에도 자아의 사랑과 일치시키려는 의지를 갖는다.

> 시가 되리.
> 핏덩이 울음으로 시작한 사랑
> 마지막 마치는 순간
> 짤막한 한 편의 시가
> 되리.
> 때론 기쁨이었고
> 때론 슬픔이었지만

모두 접어
딱 한 줄의 시로
남으리.

내가 품어온
짧은 듯 긴 사랑
긴 듯 짧은 사랑
모두 털어
딱 한 마디 시로
남으리.

그 사랑
다시 하지 않게 되는
그 날이 오면
딱 한 편의 아름다운
시가
되리

—「詩가 되리」 전문

시가 애절하게 독자를 압도한다. 평생의 반려로서 뿐만 아니라, 아니 죽어서도 시가 되려는 환생적 자세가 화끈, 타오르듯 진술된다. 죽으면 반드시 시가 되겠다는 의지는 비장하다. '핏덩이 울음으로 시작한 사랑'이지만 '마지막'의 '순간'에는 '짤막한 한 편의 시'가 되고자 하는, 절망 같은 소망을 지닌다. 훌륭한 '시인'이 되는 것도 아니고, 마냥 '시'가 되겠다는 일념이다. 내심조차 단호한 성깔있는 이 화자는 멈추지 않고 내친김에 치단는다. '때론 기쁨이었고/ 때론 슬픔이었지만/ 모두 접어/ 딱 한 줄의 시로/ 남으리'라고 거침없이 말하듯 시에 관한 지사적(志士的) 시인이다. 깨끗한 마무리도 압권이고, '딱 한 줄'의 '딱'이 시사하는 단행적 효과도 크다. 시를 위해 과감히 몸을 던지는 비장미(悲壯美)에, 튕겨내는 시상이 시위에 걸린 화살처럼 탄탄하다. 이제 '사랑'을 '다시 하지 않게 되는 그날' 그는 '한 편의 아름다운 시가 되는' 자리에 비로소 완전한 시의 화신(化身)이 될 법하다. 시를 사리로 남기는 다비식 같은.

이와 같은 결의에 찬 언증(言證)은 연마다 '시가/ 되리', '시로/ 남으리'로 종료하며 내면화에 닻을 내린다. 행 가름에도 시각적 효과를 장치한다. 모든 시를 자신에게 귀환하도록 압류한다. 말하자면 자학과 같은 자기 저당(抵當)식이다. 시의 환시 단계는 [짧은 시—한 줄 시—아름다운 시]로 나열 발전한다.

2

사람 그리운 가을 날
아름다운 순천만에 초대를 받았다.
35년 전 젊음을 바쳐

함께 했던 13살짜리 어린 제자들을
만나러 갔다.

그 때 그 어린 학생이
'그대 곁에 항상 있겠다'는
사랑의 연서를 시로 풀어
세상에 내놓았단다.

국어를 사랑하고
시를 사랑하고
글 쓰는 것을 좋아한 것이
선생님에 대한
존경과 그리움이었다고……

아주 긴 시간의 고백을
순간의 언어로 남긴다.

—「그 어느 날의 일기」 전문

'사람 그리운' 날, '아름다운 순천만'에로 '초대를 받은' 자랑 같은 서두다. 첫 주조(主調)부터 '가을 날'인 바에야 더 멋스럽지 않은가. 안토닌 드보르자크의 신세계 교향곡 2악장 〈꿈속의 고향〉에는 "지금은 사라진 동무들 모여 옥 같은 시냇물을 넘어"와 같은 추억의 가편이 있다. 아름다움만 남기고 지나간 세월의 흔적을 밟는 화자와 제자 간의 설레임이 기약한 '순천만'에서 옛 정취를 복원할 것이다. 함께 발 담그던 시냇물처럼 메마른 너와 나의 마음도 흘러와 정겹다.

그가 35년 전 젊음을 바쳐 가르쳤던 13살 소년, 그가 고백한 흑백 영화와 같은 사랑 이야기다. '그대 곁에 항상 있겠다'는 '연서를 시로 풀어 세상에 내놓았던' 추억도 있다. '국어를 사랑하고 시를 사랑하고 글 쓰는 것을 좋아한 것'에서 시작하여 마침내는 '선생님'마저 '존경'하고 '그리워'하게 된 동기이다. 교사로서의 보람은, 세월이 흐르는 사이에 이루어진 제자의 성취로 점증된다. 이른 바 잠재적 교육과정, 시간의 강을 거슬러 반추하는 교사의 뿌듯함은 남다르다. '긴 고백을 순간의 언어로 남긴다'는 주석(註釋) 같은 마무리가 비약기법(飛躍技法)으로 압축되기도 한다.

'순천만'에서 만날 것을 초대받은 무드는 소년과의 인연을 거쳐, 고백으로 남기기까지 [발단—전개—위기—절정—결말]의 전개를 거친다. 이른바 스토리텔링의 시적 기법이다.

너와
나
길 따라 와서

사랑되어 꽃으로 피고
그리움 되어 바람으로 날리고

마지막
한 점
잊음으로
하나가 되다.

—「인연」 전문

이 짧은 작품 「인연」에서도 그리움의 명료한 이미지가 소묘된다. 대상을 보고싶어 하는 마음이 그리움이라면, '인연'은 그리운 대상으로 접근하고 확인하는 정서다. 2012년에 출시한 더 에이치(The H)의 피아노곡 〈내 기억 안에 너를 가둔다〉 (Locking up you in my memory)처럼 그리운 대상을 나의 인연으로 묶어두는 것을 상징한다.

시인이 그리워하는 바는 합환의 몸짓을 바란다. 외로운 날을 줄기차게 견디며 쓰는 화자는 '너와 나' 길을 함께 와 '사랑'의 '꽃'을 피우게 된다. 세월 지난 '그리움'이 낙화이듯 지고, 지금은 '바람으로' 펄펄 날린다. 결국 만남의 인연을 '마지막 한 점'으로 '잊음으로서 하나가 되는' 연리지처럼 복기한다. 인연은 곧 잊음으로서 더 공고히 되는 관계망인 듯싶다. 이 작품은 '인연'은 꽃을 피우고 바람에 '날려'와 시와 한 몸을 이루는데, 그게 몰아의 일체성으로 발전하는 과정을 다룬다.

3

‘인간은 등에 자기 이야기를 지고 나온다.’
항상 말씀하시던 어머니
가시고 십사 년째
해마다
칠월 백중
불쌍한 미물들을 방생한다.
‘다음 생에는 꼭 좋은 몸 받으라고……’

그리도 못마땅하던
어린 시절
우리 어머니 모습 그대로
온 정성 다해
두 손 모아 빈다.

돌아서는
중생들 등을 향해
스님의 한 마디

‘자기 방생도 하세요!’

인간은 등에 자기 이야기를 지고 나온다.

—「자기 방생」 전문

중생(衆生)에겐 가정, 사회, 직장, 단체에 구속된 자신을 내려놓고 자유로이 하는 게 본능이다. 불교의 계율에서는 청정한 삶을 유지하고 마침내 깨달

음에 이르러야 한다고 설파한다. 이 시는 살생을 피하는데 그치지 않고 죽게 된 생명을 구해 냄으로써 넓은 의미의 불살생계(不殺生界)를 지키려 한다. 화자에게 방생이란 선택이 아니라 어머니 적부터 실천해온 의무이다.

정신을 채우기 위한 물질의 비움이 곧 방생의 철학이다. 지금 인간의 '등'은 헤아리기 힘든 멍에로 고통을 받고 있다. '어머니' 말씀대로 사람은 각자 '자기 이야기를 지고' 태어난다. 하므로 업보(業報)이다. '스님의 한 마디'로 이 업보에 대한 갚을 길을 찾지만 '자기 방생'이란 결코 쉬운 일은 아니다. '다음 생에는 꼭 좋은 몸 받으라고' 기원하며, 화자는 어머니의 방생법(放生法)을 '십사 년'째 고수한다. 일관된 방생의 염원은 모두의 큰 힘이자 화자 스스로에게 다지는 의지일 것이다.

시의 구조는, '자기 방생도 하세요'라는 스님의 말씀을 나중에, 그리고 '인간은 등에 자기 이야기를 지고 나온다'는 어머니 말씀을 먼저 배치했다. 방생의 논리를 전환적으로 서술함으로써 극적 변화를 일으키기도 한다. 결국 자신에게 돌아오는 극의 전환법일진데, 바로 윤경자 시인의 윤리성이 그 점에 가까이 있다.

정말 외로울 때는
조용히 내 안의 뜰을 거닐며
시를 만난다.
따뜻한 너의 가슴이 좋다.

참으로 슬플 때는
그 슬픔 속에서 살며시 빠져나와
시를 만난다.
모두를 받아주는 너의 가슴이 좋다.

이길 수 없는 고통이 와도
그 아픔에서 살짝 일어나
시를 만난다.
무엇도 덮어주는 너의 가슴이 좋다.

외로움, 슬픔, 고통
어느 때라도
시를 만난다.
너의 가슴에서는
누구도, 무엇도 저 혼자 고와진다.

—「저 혼자 고운 시」 전문

시를 읽고 쓰면 힐링 효과가 난다는 건 잘 알려진 사실이다. 외로울 때는 '따뜻한 가슴'으로, 슬플 때는 '받아주는 가슴'으로 리듬의 겹겹을 지난다. 고통이 있을 때 '덮어주'는 게 음악이고 시다. 시를 만나는 가슴은 '누구도, 무엇도 저 혼자 고와진다'는 경지를 느끼고 있다. 시인이라면 다 같은 생각일 법하다. '누구도'는 사람이고 '무엇도'는 사물이다. 사람과 사물은 동시에 '혼자' 저절로 '고와지는' 시를 찾는다. 그래서 시의 기능이 힐링의 차원보다 더한 것에 있음을 현시한다. 외롭고, 슬프고, 고통스러울 때야 말로 시를 만나야 하는 논리가 선다. 시는 '어느 때라도' 만나기만 하면 '혼자'라도 '고와지는' 것이다.

생각은 여일하게 시가 안정된 치유로 역할을 하는 것, 정서 순화가 청징하게 이어져 가는 것, 그게 가령 시인에게는 생의 지렛대 가운데 점을 받치는 그리움의 도반일 터이다.

4

숲 속에 혼자 앉아 있으면
무수한 만남이 찾아온다.

소리쳐 부르는 새들의 노래
멀리서 반갑게 달려오는 바람소리
가만가만 봉오리 여는 풀꽃들의 합창
눈 감고 들어야 들리는
나무들의 작은 속삭임

갈수록 서로에게 아픔이 더해 간다는
들짐승들의 안타까운 걱정
능선을 타고 내리는 작은 생명들의
다정한 발자국 소리
사람의 마을을 향해 다가오는

산그늘의 수런거림.

마음 문 열고
숨죽이며 귀 기울여야 들을 수 있는
참 곱고 아름다운 소리들

숲 속에 혼자 앉아 있으면
무수한 아름다움을 만난다.

—「숲 속에 앉아」 전문

윤경자의 시에는 내면 소리들이 안온하게 들린다. 시인이 재해석하는 소리이기 보다 주변에 실재하는 작은 소리. 화자는 그것을 '홀로' 듣고 아름다움에 경도된다. '새들의 노래', '바람소리'들은 보편적으로 듣는 소리이지만, '풀꽃들의 합창', '나무들의 속삭임', '들짐승들의 걱정', '생명들의 소리', 그리고 '산그늘의 수런거림' 등은 시인만이 듣는 음률이다. '숲 속에 혼자 앉아' 듣는 밀어(密語)는 내밀하게 자라온다. 화자는 미세한 '마음의 문'을 '열고' 혼자 '숨'을 '죽이며 귀 기울여야' 비로소 들리는 숲속의 '참 곱고 아름다운 소리'에 매료된다.

이렇듯, 아름다운 귀를 가진 시인의 시혼이 맑다. 순후의 밝은 소리, 그는 한때 외딴 섬에서 순박한 아이들을 가르쳤다. 그 탓인지 교사의 영혼이 시의 퍼소나에 반쯤 가려져 있다. 산골에서 청징하게 살아가는 소녀적 정서를 머금은 그대로.

백목련 고운 잎이 망울져 기다리는 시간
창 너머 부서지는 물빛 한 결 한 결에
희망을 쓰고 있는 소녀들 이름 하나씩 읊어본다.

하나, 슬하, 주리, 순예, 고운, 다슬……

갓 돋아난 쑥 한 웅큼 캐다주던 아이
현관과 방이 맞닿아 있는 좁디좁은 삶을
포도시 혼자서 헤치고 살면서도 해맑게 웃던 아이
해 저문 저녁에 잠긴 대문 열고 혼자 들어가면서도
언제나 그랬다고 아무렇지 않게 말하는 아이
2시간 거리가 충분한 길을 새벽마다 걸어서
등교하면서도
괜찮다고 무섭지 않다고 말하는 아이

좁은 방보다 아빠의 작아진 희망이 더 답답하다고
혼자 사는 집보다 집 나간 엄마의 삶이 더 아프다고
어둔 새벽길 두 시간보다 할머니의 아픈 몸이
더 어둡다고
슬픔에 가슴 아픈 소녀들이
나는 왜 이렇게 고맙고 아름다운가?

—「아직도 아름다운 여고 시절」 전문

'여고'라는 학교가 문학적 소재가 되는 일은 많다. 교탁에 올리는 꽃송이 같은 소재로 어쩌면 교사만이 가질 수 있는 혜택일 것이다. 여고 경험이 있는 국어교사라면 표현의 민감도를 더 적확하게 할 수 있다. 교사가 시를 쓰는 것은 자신의 경험 기록일 뿐만 아니라, 아이들과 교분을 맺는 인성 함양이 되기도 한다. 전개의 구조로 보아 교사 경험과 오버랩시킨 부분도 있다.

화자의 꿈 많은 여고 시절, '희망을 쓰고 있는 소녀들'의 '이름 하나씩 읊어' 보는 시간이다. '고맙고 아름다운' 날, '쑥 한 옹큼 캐다주던 아이', '좁은 집에 살면서도 해맑게 웃던 아이', '잠긴 대문 열고 들어가면서도 아무렇지 않게 말하는 아이', '새벽마다 걸어서 등교하지만 무섭지 않다고 말하는 아이'의 이름들을 떠올린다. 그 시절에 함께한 친구들은 하나같이 남을 배려하고 불편함에도 인내했다. 그 친구들을 지금 보고 싶다.

가요에도 아름다운 '여고시절'을 노래한 게 많다. 가령 이수미의 '여고시절'(1972), 김인순의 '여고 졸업반'(1987), 방주연의 '자주색 가방'(1987) 등. 낭만적 우수를 눈물처럼 머금은 노래들이다. 최근 장나라의 'I Love School'(2002)은, 학교 시절의 '학교 앞 문방구점을 드나들던 아이', '사전 살 돈으로 군것질거리를 사먹는 아이' 등의 추억을 구체적인 묘사하여 기지와 유머로 윤색한다. 학교를 부정적으로 노래한 서태지의 '교실 이데아'(1998), 일리닛의 '학교에서 뭘 배워'(2003) 등의 노랫말은 학교생활 자체를 비판적인 랩으로 소화해 내기도 한다.

다들 낭만적이라지만 '아름다운 여고 시절'은 제목과 같이 '아직도' 중년 여성들이 즐겨 쓰는 말이다. 여고의 언어는 오늘날 황폐화된 환경에서 인간적인 서정의 신선한 물을 뿌리고 있다.

5

늦은 밤
외딴 섬 소년 소녀들의 꿈과 희망을 담은
밝고 환한 불빛이
교실 창을 넘어 뭍으로 간다.

우리에게도 이루고 싶은 소망이 있다고
꼭 이루어야할 미래가 있다고
두 손 마주잡고 다짐하며
딱딱한 의자에서 내일을 키운다.

아버지 손에 들려진 그물망을 보며
어머니 허리에 버거운 다시마 포자를 생각하며
책장에 어른대는 푸른 파도를
힘차게 헤치며 하루를 넘긴다.

어릴 때는 몰랐던
등대의 반짝임
어부들의 길잡이가 되는 그 사랑
새기고 다지며 어둠을 가르는
늦은 밤 외딴 섬

산 아래 작은 학교의 교실 창엔 지금도
불빛이 빛난다.

—「야간 자율학습」 전문

도시 고등학교에서 뜨거운 감자로 일컬어지는 게 '야간 자율학습', 곧 '야자'다. 어촌 학교에서 야자는 어떤 의미로 시화(詩化)될까. 도시 학교 야자에 대해 시인들은 사람들은 일리닛처럼 대체로 비판적이다. 그러나 시인이 쓰는 학교 관련의 시는 내면적이며 긍정적이다. 그는 아이들이 '아버지 손에 들려진 그물망을 보며', 그리고 '어머니 허리에 버거운 다시마 포자를 생각하는' 인성에 시의 출발점을 둔다. '책장에 어른대는 푸른 파도를 힘차게 헤치며' 일상을 지나는 어촌은 날마다 삶의 최전선으로 가는 벅찬 희망이다.

자식들 뒷바라지를 하며 평생 어부로 살아가는 부모들은 '늦은 밤' 귀향을 하며, 외딴 섬 '작은 학교의 교실'에 켜진 불빛을 보며 안도한다. 나는 이 고생을 하지만 자식은 미래를 위해 공부한다는 안심의 불빛이기 때문이다. 늦은 밤 교실에서 비쳐 나오는 이 불빛은 등대 구실로도 한 몫을 한다. 물리적으로는 바다를 비추는 등대이나, 실은 어촌 사람들의 자식에 대한 희망을 상징하는 정신적인 등대라 할 수 있다. 해산물을 싣고 귀가하는 노동으로 지치지만, 가슴은 교실에 비추는 불빛만큼 따뜻하다. '불빛이 빛난다'는 결미는 작업하는 부모와 공부하는 아이들이 서로의 교류 전선을 타고 켜지는 불빛이다. 자식이 힘이라는 부모의 기대로 바라보는 '야간 자율학습' 시간, 부두에서 교실로 들어온 부모와 자식 간의 말없는 유대가 끈끈하다.

걷다가 아픈 허리를 콕콕 치는 부모와, 낡은 책에 묻혀 졸리운 목덜미를 탁탁 두드리는 아이들, 줄탁동시 같이 쪼는 한 경락일 것이다.

6

시는 서정의 세계를 구축한다. 삶의 궤적을 추적하되 정서를 아름답게 입히는 절차가 필요하다. [부재/ 현존]의 사이에서 빚어지는 시인의 [추억/ 낭만]이 그 과정이다. 일상에서의 삶의 항목들은 수많은 사색(思索)을 통해 건져진다. 사색이란 시적 대상을 관찰하고 들여다보아 그것을 시인의 의식으로 조사(照査)하는 과정이다.

조선 시대 백과사전적 지식을 갖춘 실학자 홍대용(洪大容)은, "시란 정(情)을 말로써 표현한 것"이라 했다. 그는 "좋은 시란 교졸(巧拙)과 선악을 따지지 않고 천기(天氣)에서 자연발생적으로 나온다"고 했다. 그는 위항시집(委巷詩輯) 『대동풍요』(大

東風謠)의 서문에 붙인 글에서, "입에서 부르는 대로 노래해도 말은 곡진한 마음에서 나오고, 알맞게 꾸며 배열하지 않아도 천진(天眞)이 드러나니, 나뭇군과 농부들의 노래 또한 자연에서 나온다. 이는 문장의 자구(字句)를 뜯고 다듬어 고치면서 말인 즉 옛것을 들먹이면서도 천기를 손상시킨 사대부들의 시보다 도리어 낫다"고 역설한 바 있다. 요체는 말을 비틀어 꼬는 현대시에 대한 오해를 딛고, 자연스럽고 천진한 시로 농부들도 다 아는 쉬운 시를 구사하는 게 중요하다고 역설한 것이다.

윤경자의 시를 읽으며 한 CD를 골랐다. 모차르트 바이올린협주곡 D장조 1악장 K218번. 흐르는 운율에 묻히며 시집을 편다. 서두에서 말한 것처럼 누구나 사랑하고 나면 그리워지게 되는 법이다. 사랑은 현재형이고 그리움은 과거형이다. 사랑의 배를 부두에 접안(接岸)시키며, 출간에 대한 축하의 뱃고동을 켠다. 이제, 천기에 자연과 그리움을 표현하는 시를 인정시학(人情詩學)으로 진전시키기 바란다. 아울러 감각을 가다듬는 주문도 수용에 덧붙인다면 혹 이중의 과제는 아닐까 저어된다. 하지만 곡진한 칼을 예리하게 연마할 사. 심오하되 천진(天眞)을 드러낸 언어로, 그대 촉촉한 소리를 싣는 생활의 화법으로.

한 편의 詩가 되리

인 쇄 | 2014년 1월 20일
발 행 | 2014년 1월 23일

지은이 | 윤 경 자

펴낸이 | 박 형 철
펴낸곳 | (사)한림문학재단 · 도서출판 한림
501-808 광주광역시 동구 백서로 125번길 11(금동)
전 화 | (062)226-1810(代) · 3773 FAX 222-9535
E-mail | hanlim66@hanmail.net
출판등록 | 제05-01-0095호(1990. 12. 14.)
공보처등록 | 바1717호(1992. 6. 2.)

값 8,000원
ISBN 978-89-6441-136-0 03810

* 이 책의 판매처 : 서울 / 교보문고
인터파크
부산 / 동보서적
대전 / 문경서적